跟着淘学企鹅去运动

冰球

王石安 主编 心阅文化 编绘

黑龙江少年儿童出版社

图书在版编目（CIP）数据

冰球 / 心阅文化编绘 . -- 哈尔滨 : 黑龙江少年儿
童出版社，2025.1. --（跟着淘学企鹅去运动 / 王石安
主编）. -- ISBN 978-7-5319-8838-0

Ⅰ.G863.2-49

中国国家版本馆 CIP 数据核字第 2024W67W99 号

跟着淘学企鹅去运动　冰球
GENZHE TAOXUE QI'E QU YUNDONG　BINGQIU

王石安◎主编　　心阅文化◎编绘

出 版 人：薛方闻
总 策 划：顾吉霞　张志铭
责任编辑：杨雪尘
特约顾问：穆　亮
授权合作：哈尔滨极地公园
责任印制：李　妍　王　刚
整体设计：武汉·空间设计中心
封面设计：袁　芳
出　　版：黑龙江少年儿童出版社
地　　址：哈尔滨市南岗区宣庆小区 8 号楼
邮　　编：150090
电　　话：0451-82314647
网　　址：www.lsbook.com.cn
发　　行：全国新华书店
印　　装：湖北恒泰印务有限公司
开　　本：787 mm×1092 mm　1/12
印　　张：4
字　　数：40 千
版　　次：2025 年 1 月第 1 版
印　　次：2025 年 1 月第 1 次印刷
书　　号：ISBN 978-7-5319-8838-0
定　　价：48.00 元

淘学企鹅

爱冒险，成为动物世界与人类世界沟通的代表后，借助龙爷爷的宝物领略到了冰雪运动的魅力。

北极熊"段段"

一只敦厚的熊，体形庞大，力大无穷，是小小冰球队的守门员。

龙爷爷

第一位动物世界与人类世界沟通的代表，学识渊博。

西伯利亚猫"微风"

性格友善，聪明机智，动作灵活，担任小小冰球队的边锋。

雪豹"冬至"

淘学企鹅在此次旅行中认识的第一个朋友。受妈妈的影响而爱上冰球运动，是队里的中锋。

猞猁"千山"

小小冰球队的边锋。耐力很好，谨慎又机警，能够在场上发挥自己独有的优势。

雪豹妈妈"茉莉"

专业冰球队员。细心又认真，教给小小冰球队的队员们很多知识，并指导大家实战。

北极狐"雪愿"

小小冰球队的后卫，视力极佳，具有敏锐的警惕性。

　　淘学企鹅最近经历了奇妙的冰雪之旅。在龙爷爷的帮助下，他通过胶片穿越到过去，并与小雪豹冬至相遇。这是一场充满知识与乐趣的冰球之旅。在这片洁白的冰面上，他们会经历怎样的奇幻旅程，能否勇敢地面对挑战呢？淘学企鹅已经迫不及待地想要与朋友们分享了！

经过了滑冰和滑雪的考验之后，淘学企鹅对接下来要登场的老物件更加好奇了。这是一个贴着雪豹大头照的盒子。盒子里装着一个胶片相机和一卷密封的胶卷，还有一封信。龙爷爷在信里说，这卷胶卷记录了他在旅途中的精彩瞬间。照片没有洗出来之前，胶卷是不能见光的。那怎样才能看见胶卷中记录的故事呢？

龙爷爷在信中出了一道谜题，这道谜题就是描述胶卷中记录的运动项目的：

叫"球"却像饼，棍敲才能行；

喜寒不喜暖，专在冰上走。

猜猜这是什么冰雪运动？

这项冰雪运动又有着怎样的魅力呢？

胶片相机

　　胶片相机作为早期的摄影设备，以其独特的成像方式和艺术效果，至今仍受到摄影爱好者的喜爱。

　　胶片相机的成像过程始于对光线的捕捉。光线通过镜头进入相机，经过光圈的调节，控制进入相机的光线量。随后，光线照射在胶片上，胶片的感光层开始工作。感光层中的银盐颗粒在光线的照射下，发生化学反应，将光线的信息转化为可见的影像。

淘学企鹅怎么也猜不出谜题的答案，于是决定把照片冲洗出来，一探究竟。可是该怎么冲洗照片呢？

淘学企鹅费了一番工夫，仔细查找资料、询问专业人员、寻找空间、布置暗室、安置装备……终于，他在自己的家中布置出了一间小小的暗室。这是一个能够让胶卷上的影像变为真正照片的神奇地方。

"现在可以冲洗照片啦！"
淘学企鹅钻进了暗室里。

胶片冲洗过程

　　暗袋取胶片—显影—漂白—定影—水洗—稳定—去水渍—烘干。

5

照片冲洗还需要很长时间，淘学企鹅决定出门走走。走出家门后，他便来到了一条陌生的街道，动物们穿着冬装步履匆匆，看起来开心极了。整条街道欢声笑语，热闹非凡，像是正在举行盛大的集会。淘学企鹅心中冒出了一连串问号。

淘学企鹅好奇地走在街道上，看到不远处有一个熟悉的身影。呀，这不就是大头照上面的小雪豹吗？原来，淘学企鹅已经通过龙爷爷的宝物穿越到了过去。

小雪豹来到淘学企鹅面前，向他热情地介绍道："你好，我是冬至。这里是哈尔滨，我们正在举办冰雪狂欢节，热闹得很呢。即将开始的是冰球比赛——你知道冰球吗？"

淘学企鹅摇了摇头，他学习了滑冰和滑雪，但对冰球一无所知。

冬至说："我特别喜欢看冰球比赛，两支球队在冰上打球，可精彩了。现在时间刚刚好，我们一起去看比赛吧！"

冰球比赛是滑冰和曲棍球的结合，以冰球、冰刀和球杆等为比赛装备，在冰上进行的一项斗智斗勇的对抗竞赛。

参加冰球运动，不仅可以锻炼身体，培养勇敢顽强的意志品质，提高快速反应能力，还可以培养团队合作精神。冰球运动也因此被誉为"勇敢者的游戏"。

冬至和淘学企鹅一起往冰球馆走去。冬至不仅向淘学企鹅介绍了冰球运动，还向他介绍了沿途的哈尔滨特色历史建筑。

哈尔滨的城市街道漂亮极了，随处可见风格独特、形式多样的历史建筑，使哈尔滨成了一座充满"中西合璧"魅力的城市。这种多元文化的融合使哈尔滨展现出独特的风采。

马迭尔宾馆

始建于 1906 年，是经典的欧式建筑，每处细节都充满了新艺术风格，华美大气的阳台是它的一大特色。

秋林公司

这座具有巴洛克特征的折中主义建筑于 1908 年建成。主楼被定为"哈尔滨不可移动文物"。

中华巴洛克建筑

中式建筑的斗拱、台阶、栏杆与西式建筑的柱式、山花等构件交织在一起，形成独特的中西合璧特色建筑。

万国洋行

一座折中主义风格的建筑，建于 1922 年，曾是哈尔滨中央大街上独具特色的洋货店。

冰球馆里，一场冰
球比赛正在激烈进行中。

冬至和淘学企鹅所在的观众席
视野真好，可以看到整个场地。球
场上，运动员们斗志昂扬，他们的
每一个动作都牵动着观众们的心弦。
观众席上，热血沸腾的观众们正在
为自己支持的队伍加油呐喊。

30米

61米

冰球比赛规则

比赛时间：冰球比赛全场 60 分钟，分为 3 局，每局 20 分钟，局间休息 15 分钟。

进球得分：球员用球杆将球射入对方球门，球完整地越过球门线，即得 1 分。球员可以使用球杆的任何部位进行射门，但不能用手触球。

越位：任何进攻球员不得先于球进入对方蓝线区域。

犯规：有些犯规动作会被判罚，比如背后冲撞、肘击、高杆等。犯规者会被关"小黑屋"，2~5 分钟内不得上场或换上其他队员，严重犯规者甚至会被直接判罚离场。

一场精彩的比赛结束后，双方队员在蓝线处站好，互相握手示意，并站成两排向观众和教练致敬。

冬至骄傲地说："看，我妈妈所在的队伍赢得了冠军！听说不久后会有青少年冰球联赛，我也想组建一支冰球队。"

"好哇，好哇，我们那里要举办冬季运动会，我也想学习如何打冰球，让我加入你的队伍吧！"淘学企鹅高兴地说。

观看完比赛，冬至便去找喜欢冰雪运动的朋友们，组建一支小小冰球队。北极狐"雪愿"、猞猁"千山"、西伯利亚猫"微风"、北极熊"段段"听了冬至和淘学企鹅的介绍后，都非常乐意加入冰球队。大家还邀请了雪豹妈妈"茉莉"做教练，他们聚在一起讨论自己适合的位置。

我块头和力气都很大，可以当守门员。

我行动敏捷，擅长冲刺，能够胜任中锋的角色。

我滑行速度很快，可以突破对手的防线，让我来做边锋吧。

段段

千山

冬至

冰球比赛每支队伍最多允许 22 名队员参加。在比赛中，每队场上不得超过 6 名球员，分别为守门员、左后卫、右后卫、右边锋、中锋、左边锋。每队要确定一名队长和最多两名副队长。

我视觉敏锐，滑行速度也很快，可以当后卫，打配合。

我滑冰技术很好，反应迅速，能够完成接应队友的任务，我来做后卫吧。

我体形小，走位灵活，擅于捕捉机会，做边锋再合适不过了！

雪愿

淘学企鹅

微风

冰球队的成员已经聚齐了。在茉莉教练的指导和帮助下，大家一起研究了冰球场上各位运动员的特点和职责。

守门员、左后卫、右后卫、左边锋、中锋和右边锋，他们分别有什么职责呢？

守门员

右后卫

右边锋

中锋

冰球队员介绍

边锋：负责进攻和防守，主要在冰场一侧活动，左、右边锋分别负责左、右两路的攻防。他们在冰场上灵活移动，为球队得分创造机会。

中锋：球队的"核心"，负责争球、制造混乱、防守以及给队友提供支持。他们的活动范围很大，随时寻找机会抢球或传球，随时准备帮助队友。

后卫：球队的"盾牌"，负责防守对方的进攻球员，左、右后卫分别负责左、右两路的防守。他们要掌控比赛节奏，指挥队友奋力防守。

守门员：球队的"守护神"，负责防守自家球门，阻止对方得分。他们需要强大的体能、敏锐的判断力和矫健的身手，同时要具备良好的技术和战术意识，时刻保持警惕，为球队守住最后的防线。

左后卫

左边锋

在正式学习之前，首先要了解运动之前的准备工作。茉莉教练说："冰球运动很激烈，存在合理冲撞。学会如何保护自己，也是冰球运动的一部分。"

茉莉教练将大家领到屋里，里面有比赛用的冰球、球杆，还有起保护作用的护具，琳琅满目、一应俱全。

头盔　　护颈

护胸

手套

球杆

护肘

防摔裤

冰球鞋

魔术贴

赛场上的冰球运动员看起来都很壮实，其实是因为身上穿了很多护具。大家想知道都有哪些护具保护运动员吗？有了这些秘密武器，就可以体验冰球运动带来的惊险和刺激了。

护腿

队员们穿好装备，跟着茉莉教练来到了训练场上。茉莉教练说："任何体育项目都会有相应的训练前热身运动，冰球也不例外。充分的拉伸能让我们更快地进入状态，避免在比赛中受伤。"

陆地热身

　　首先慢跑10分钟，之后行进间体操10分钟，最后拉伸、压腿10分钟。

热身的作用

热身在冰球运动中必不可少。比赛前充分、适宜的准备活动可以帮助运动员升高体温，提高身体各部分机能的兴奋性，克服内脏器官的惰性，提高中枢神经的兴奋性，增强肌肉、肌腱和韧带的伸展性，从而适应比赛需要。

冰上热身

冰上热身的种类很多，有滑跑热身、传接球热身、二打一配合热身、射门热身和守门热身。

冰球运动员只有掌握滑跑和攻防技术，才能够在赛场上大显身手。

冬至正在示范起跑。在冰上起跑，他已经很熟练啦。

起跑

在静止或慢速滑行中，常用的三种起跑动作有 T 字步、V 字步和压步起跑。

急停

急停是重要的制动技术，通过八字急停和双脚侧向急停，能够在滑行中减速或停止。

雪愿正在练习急停。他用小而敏捷的步伐滑行着，突然身体微倾，双脚摆出八字，猛然刹住。

微风正在练习滑行。他滑行速度快而不失稳定性，滑出了一道优美的曲线。

滑行

在冰球比赛中，滑行是非常重要的基本技能。如果球员能够熟练地滑行，就能够更好地控制冰球。刚开始学习滑行时，球员需要先学会怎样直线向前滑行。另外，直线倒滑是防守时的重要滑行技巧。

千山正在练习转弯。他的眼睛里闪烁着聪明与机智的光芒。

转弯

转弯滑行是不用转身、急停而改变方向的最快方法，在切入、运球切入、过人、传接球、身体阻截中，经常用到这种技术。

25

在熟练掌握滑跑技术和攻防技术之后，就要开始进行有球训练了。

淘学企鹅稳健地掌握着冰球的控制权，他把球传给冬至，冬至又很快传给下一位队友，大家配合得越来越默契了！

运球

运球是指在滑跑过程中控制球的过程。

传接球

掌握好传接球技术，有利于团队更好地配合。传球包括正手传球、反手传球、传腾空球；接球包括正拍接球、反拍接球、冰刀接球、杆柄接球、接腾空球。

段段的训练则不太相同，守门员的穿戴装备要比普通球员重 10 千克，所以训练时更注重力量和耐力的增强。作为球队的最后一道防线，守门员对冰球比赛的攻防和胜负也起着关键作用。

射门

在冰球比赛中，射门是最重要的技术，也是得分的关键、制胜的法宝。

守门技术

在冰球比赛中，特别是两支实力相当的队伍比赛时，守门员的技术对比赛胜负至关重要。冰球守门员的技术动作主要包括基本站位姿势和防守技术。

队员换人

场上多人

违例和严重违例

暂停

犯规缓判

手传球

任意球

当然，任何一项运动项目都不能缺少工作人员。像冰球这么高速度、高对抗的比赛，如果没有裁判的控制，比赛场面可能会比较混乱。了解裁判的判罚规则也是很重要的。

受罚席

记录席

受罚席

前区争球区

裁判区

球门线

底板区

球门区

监门席

横杆推阻

肘顶人

高杆

用杆击打

解除

冰球比赛攻防转换较快，规则较复杂。球员一定要熟悉规则，避免犯规，并懂得裁判手势，了解犯规情况。

非法冲撞

背后冲撞

监门席

中圈

开球点

红线　　　蓝线

中区争球点　　中区

中区

队员席

小小冰球队的球员都在学习裁判的标准手势呢！

通过练习，小小冰球队的队员们掌握了很多冰球运动的技巧。不过，这项运动不仅需要力量和技巧，还要懂得如何用自己的力量去帮助队友。

跑位

跑位指球员在场地上根据比赛的情况来改变自己的步伐和位置。这样做是为了接到球或者射门，或者帮助队友制造机会。跑位时，球员要尽量找到相对空旷的位置，这样就可以更容易地接到球或者射门。

盯人

盯人是一种防守技巧。紧逼盯人是指球员紧紧跟着对方球员，尽量不让他接到球。松动盯人则是球员和对方保持一定的距离，以便随时把球抢过来。根据比赛的情况，球员要灵活地使用这两种盯人技巧。

在比赛过程中，要利用一些战术来进攻或阻止对方进攻。

跑位接应

有时防守方会紧紧跟着进攻方球员，不让他拿到球。这时进攻方球员需要通过跑位来摆脱对手，或者降低传球的难度，以便接到球并射门。跑位接应时，进攻方球员首先看看队友是否要传球，然后根据传球的方向和对手的位置来跑位，准备接球。

假动作

用来迷惑对手的动作称为假动作。在传球或者射门之前，球员可以做些虚假的动作，这样对手就不知道他下一步要做什么。假动作包括过人、晃守门员、传接球和射门等。假动作可以分为无球假动作和有球假动作。

小小冰球队踏上了比赛的征程。

在冰球比赛的实战中，淘学企鹅和伙伴们一起拼搏，一起成长。比赛结果有时惊喜，有时遗憾。经历过胜利和挫败，队员们变得更勇敢、更坚强，是彼此最信任的队友。

经过多场比赛的磨炼，小小冰球队终于拿到了青少年冰球联赛决赛的入场券，将要前往哈尔滨冰球馆进行冰球决赛的比拼。

在紧张的训练中，队员们越战越勇。决赛的日子很快就到了，小小冰球队迎来了终极对决。

小小冰球队的队员围在一起互相打气："名次固然重要，但成长更加重要。让我们来一场全力以赴的战斗吧！"

争球

从比赛开始到结束，往往要进行多次争球——这是获得球权的重要手段。争球时，裁判员将球抛在双方争球队员的冰球杆之间的冰面上。争球队员面向对方站立，杆刃放在冰上，两腿分立，两脚距离略比肩宽，集中注意力，并对本队队员所站位置心中有数，待裁判员一抛球，双方迅速挥杆争球，力争拨球给本队队员。

在赛场上，双方队员都化身小勇士，快速滑行，压步转弯，急停急起，闪躲腾挪，合理冲撞，阻截拼抢……冰场上激烈的对抗牵动着观众们的心，冰球馆内的欢呼声如浪潮般席卷而来。

小小冰球队的队员们通过多次完美配合，赢得了比赛！虽然冰球场上寒气逼人，但是队员们个个都满头大汗，脸上洋溢着开心的笑容。

茉莉教练笑着说："你们都发挥出了自己最好的水平，我为你们感到骄傲。"冬至走下领奖台，扑进了妈妈的怀抱里。

咔嚓，一道亮光闪过，这历史性的一幕被相机定格了——是龙爷爷来啦！"我看到了老一辈冰球队员的精神和梦想被新一代冰球运动员继承。"龙爷爷笑眯眯地说。

淘学企鹅结束了这场时空之旅，终于回到家中。他端详着已经洗好的照片，眼里满是怀念。

"两代人，冰雪梦，真是一段非凡的旅程。我一定要把这种运动精神传递下去！"淘学企鹅激动地说。

淘学企鹅在这段旅途中不仅学习了冰球运动的相关知识和技巧，还获得了一段美好的经历。"我要去和朋友们分享一下！"他迫不及待要把故事讲给其他小伙伴听啦！

淘学企鹅出门去找朋友了，身后桌子上的游戏机正在闪闪发光，接下来还会发生什么呢？

亲爱的小朋友们，大家好！我是超级可爱的龙少社形象大使——龙小猫。你们与淘学企鹅一起完成了一场奇妙无比的时光穿梭之旅，想必对冰球有了一定的了解。接下来，就让我带领大家一起探索冰球的小秘密吧！

① 1855年，加拿大金斯顿流行一种冰上游戏，参与游戏者足绑冰刀，手持曲棍，在冰冻的湖面上追逐击打用木片制成的冰球。最早的冰球运动中，只立两根木杆作为球门，参加人数和场地均无限制，这就是现代冰球运动的前身。

② 1981年在北京世界冰球C组锦标赛上，中国冰球队获得亚军。《人民日报》发表了题为《奋勇闯关记》的文章，对中国队的表现大加赞赏，由此在全国范围内掀起了一股冰球热潮。

③ 1986年在日本札幌第一届亚洲冬季运动会上，中国冰球队获得冠军，创造了辉煌的历史。这是中国冰球运动在亚洲赛场上的一次重大突破和胜利，极大地鼓舞了中国冰球运动的发展。

④ 1998年日本长野冬季奥运会，女子冰球首次被列入冬奥会比赛项目。在这届冬奥会上，捷克队获得了第一枚女子冰球金牌。长野冬奥会女子冰球比赛的成功举行，进一步促进了女子冰球运动在世界范围内的发展和普及。